Zack Polanski –
L'homme vert du renouveau

Chesnoy Amélie

© 2025 – Chesnoy Amélie

Tous droits réservés.

Aucune partie de ce livre ne peut être reproduite, archivée ou transmise, sous quelque forme que ce soit, sans l'autorisation écrite préalable de l'auteur.

Zack Polanski – L'homme vert du renouveau

Dans un monde saturé de bruit, de cynisme et de crises multiples, un nouveau type de leader émerge : Zack Polanski, le visage humain de la politique verte britannique.

Ancien acteur et hypnothérapeute devenu leader du Green Party of England and Wales, il incarne une vision de la politique fondée sur la cohérence, la compassion et le courage tranquille.

Ce livre retrace, avec humanité et profondeur, l'itinéraire singulier d'un homme qui a transformé sa quête personnelle en mission collective. De ses origines multiculturelles à son ascension politique, de ses épreuves intimes à sa philosophie du changement, *Zack Polanski – L'homme vert du renouveau* raconte bien plus qu'une biographie : c'est une exploration du sens, du leadership et de la transformation dans un monde en quête d'espoir.

Zack Polanski n'est pas un politicien comme les autres. Né à Londres dans les années 1980, il grandit dans une société divisée où la différence est souvent perçue comme une faiblesse. Acteur passionné, puis hypnothérapeute engagé, il consacre les premières années de sa vie à comprendre les émotions humaines et les mécanismes du changement.

Mais un jour, il comprend que le changement individuel ne suffit pas : il faut agir sur le système.

C'est ainsi qu'il entre en politique — d'abord timidement, puis avec la conviction qu'un discours apaisé peut réconcilier les gens avec la démocratie. Son passage du théâtre au Parlement devient alors un symbole : celui d'un homme qui veut rendre la politique à nouveau humaine.

Le livre explore les grandes étapes de cette transformation :

- son enfance et sa sensibilité précoce à la justice,
- la puissance du théâtre et de la psychologie dans la construction de sa voix,
- ses débuts politiques et les résistances rencontrées,
- son ascension au sein du Green Party,
- son style de leadership profondément humain,
- les défis de l'écologie, de la vérité et du pouvoir dans le monde contemporain,
- et enfin, sa vision d'un futur durable, collectif et porteur de sens.

À travers analyses, récits et réflexions, ce livre propose une étude vivante du courage tranquille : celle d'un homme qui croit que la politique peut redevenir un acte de soin collectif.

Zack Polanski – L'homme vert du renouveau

De la scène à la politique : le parcours inspirant d'un leader de conviction

© 2025 Chesnoy Amélie
Tous droits réservés.
Publié sur Amazon KDP.

Introduction – Le courage tranquille

« Nous avons besoin de voix qui ne crient pas plus fort, mais qui parlent plus vrai. » — Zack Polanski

Le monde traverse une époque d'ébullition. Les crises s'enchaînent, les certitudes s'effritent, les mots s'usent. La politique, censée être l'art de servir, est devenue pour beaucoup le théâtre du pouvoir, du cynisme et de la division. Dans ce tumulte, une question persiste :

Où sont passés les leaders capables d'unir sans dominer, d'écouter sans s'effacer, de guider sans écraser ?

C'est en cherchant une réponse à cette question que j'ai découvert — ou plutôt redécouvert — Zack Polanski.

À première vue, rien ne le destinait à devenir une figure politique majeure. Acteur, hypnothérapeute, militant, il a longtemps cherché sa place dans un monde où la sincérité semble parfois une faiblesse. Mais derrière ce parcours atypique se cache une philosophie du changement profondément moderne : celle d'un homme qui croit que la transformation commence par la conscience, et que la politique peut redevenir un acte d'amour collectif.

Lorsque Zack Polanski parle, il ne joue pas un rôle. Il respire une forme d'équilibre rare : entre émotion et raison, entre idéal et réalisme. Sa voix ne cherche pas à dominer le débat, mais à ramener de l'humanité là où elle s'est perdue. Il parle de climat avec douceur, de justice sociale sans colère, d'identité sans provocation. Et, dans un monde saturé de certitudes, il ose dire *« je ne sais pas, mais j'apprends »*.

C'est cette humilité, presque spirituelle, qui m'a frappé. Non pas une humilité de façade, mais une force tranquille : celle de ceux qui savent écouter avant de décider. Zack Polanski ne prétend pas avoir toutes les réponses — il pose les bonnes questions. Et c'est sans doute cela, aujourd'hui, le vrai courage.

Chapitre 1 – Les origines d'un rebelle

« Ce n'est pas en fuyant le monde qu'on le change, mais en apprenant à y respirer autrement. » - Zack Polanski

1. Une enfance en quête d'équilibre

Zack Polanski voit le jour en 1982 à Londres, dans un foyer où se mêlent diversité culturelle et recherche de sens. Issu d'une famille juive, il grandit dans une société britannique en mutation : d'un côté, l'ouverture multiculturelle ; de l'autre, le poids des inégalités sociales et des tensions identitaires. Très jeune, il ressent ce tiraillement entre conformité et liberté.

Son environnement familial l'encourage à penser par lui-même, à poser des questions et à douter des évidences. Il développe une sensibilité aiguë à la justice : chaque injustice qu'il perçoit, même minime, devient pour lui une blessure personnelle.

À l'école, Zack n'est pas l'élève le plus sage : il interroge, conteste, explore. Les enseignants voient en lui un esprit curieux, parfois provocateur, mais toujours animé par le désir de comprendre les motivations humaines.

2. L'appel de la scène

Adolescent, Zack découvre le théâtre. Ce n'est pas seulement une passion artistique ; c'est une révélation existentielle. Sur scène, il apprend à écouter, ressentir et donner du sens aux émotions des autres. Le jeu devient pour lui un laboratoire d'empathie.

Cette expérience forge chez lui une conviction : la transformation commence par la compréhension. Derrière chaque conflit social ou politique, il perçoit une histoire, un vécu, une blessure.

Il intègre une école d'art dramatique à Londres, où il côtoie des profils variés, souvent marginaux. Ces rencontres élargissent sa vision du monde : il comprend que la créativité peut être un outil de libération personnelle, mais aussi un instrument politique.

3. L'hypnose comme miroir de l'humain

Après quelques années sur les planches, Zack change de cap : il devient hypnothérapeute. Ce tournant surprend son entourage, mais pour lui, c'est une évolution naturelle.

L'hypnose, dans sa vision, n'est pas un art de manipulation, mais un chemin vers la conscience. Il aide des centaines de personnes à dépasser leurs peurs, à briser des schémas mentaux limitants. Au fil des séances, il découvre une vérité essentielle : le changement collectif commence toujours par une transformation individuelle.

Ce métier l'ancre dans une approche humaine, bienveillante et introspective. Il y apprend l'écoute, la patience, la reformulation – des qualités qui deviendront plus tard les fondements de son style politique.

4. La mue politique

Au début des années 2010, le Royaume-Uni traverse une période de crises : montée des inégalités, précarité grandissante, dérèglement climatique. Polanski, témoin de cette réalité au quotidien, sent que la thérapie individuelle ne suffit plus. Il veut agir sur le système, pas seulement sur les symptômes.

Son entrée en politique n'est pas motivée par l'ambition, mais par la frustration de voir les solutions humaines ignorées. Il rejoint d'abord les Liberal Democrats, attiré par leur centrisme progressiste, mais réalise vite que ce parti reste prisonnier du compromis.

Quelques années plus tard, il trouve enfin son foyer idéologique : le Green Party. Pour lui, l'écologie n'est pas seulement une question d'environnement, mais de justice, d'empathie et d'équilibre entre l'humain et la planète.

5. Les racines d'un leader différent

À travers ce parcours atypique – acteur, thérapeute, militant – se dessine une constante : la quête d'authenticité. Zack Polanski refuse les masques, les postures, les discours creux.

Son approche politique se distingue par une profonde humanité : il parle de climat avec émotion, de solidarité avec conviction, d'identité avec respect. Là où beaucoup voient la politique comme un jeu de pouvoir, lui la conçoit comme un acte de soin collectif.

6. Analyse – Le sens d'un début

L'histoire de Zack Polanski n'est pas celle d'un homme né pour diriger. C'est celle d'un homme qui s'est construit en écoutant, en doutant, en changeant.

Ce premier chapitre montre comment son enfance et son parcours artistique ont façonné une personnalité tournée vers la compréhension, la compassion et la cohérence.

Ces qualités, rares en politique, feront plus tard de lui un leader différent : non pas un stratège froid, mais un homme qui relie l'action publique à l'intelligence émotionnelle.

7. Leçon pour le lecteur

- Le changement commence par la curiosité.
- Les chemins non linéaires forgent la profondeur.
- Écouter les autres, c'est déjà un acte politique.
- La vulnérabilité peut devenir une force si elle est assumée.

Chapitre 2 – L'art de la transformation

« On ne change pas le monde en criant plus fort, mais en écoutant différemment. » - *Zack Polanski*

1. De la scène au discours public

Pour beaucoup, la politique est un combat. Pour Zack Polanski, c'est avant tout **une scène de vérité**. Son expérience d'acteur lui a appris qu'un message ne se résume pas aux mots : il réside dans **l'énergie, la présence, le regard.**

Lorsqu'il parle en public, il ne "récite" pas un programme — il **incarne** une émotion, une conviction. Cette capacité rare à **toucher sans manipuler** vient de ses années passées à chercher l'authenticité sur scène. Les techniques théâtrales qu'il a perfectionnées — posture, respiration, silence — deviennent des armes pacifiques pour captiver son auditoire.

Mais surtout, le théâtre lui a appris une chose essentielle : **tout le monde veut être vu, entendu et compris.** C'est cette philosophie qui structure son rapport à la politique.

2. La psychologie comme outil de changement

Son expérience d'hypnothérapeute lui a ouvert une autre dimension : la **psychologie de la peur et du changement**. En observant les blocages individuels, il comprend que les sociétés fonctionnent de la même façon : elles résistent à l'inconfort, même quand il est nécessaire.

Zack Polanski transpose ce constat dans sa pratique politique :

"On ne peut pas convaincre les gens de changer s'ils se sentent menacés. Il faut d'abord leur redonner confiance, leur rappeler leur pouvoir."

Plutôt que de blâmer ou de culpabiliser, il cherche à **activer la responsabilité par l'espoir**. Ce style de communication — à la fois ferme et bienveillant — le distingue profondément de la rhétorique classique des politiciens.

3. Trouver sa voix dans un monde de bruit

Dans une époque saturée de slogans et de scandales, Polanski choisit la voie du **calme et de la cohérence**. Il parle moins fort, mais il parle vrai. Et cette sincérité attire naturellement ceux qui se méfient des discours préfabriqués.

Sur les réseaux sociaux, il refuse la confrontation pour privilégier la **conversation**.

Il ne cherche pas à "gagner" des débats, mais à **changer des perspectives**. Son message ne vise pas seulement l'intellect, mais aussi le cœur : il rappelle que la politique n'est pas un calcul, mais une manière d'aimer le monde différemment.

4. L'alchimie de la transformation

Le parcours de Zack Polanski peut être lu comme une **alchimie intérieure** :

- L'artiste en lui comprend les émotions.
- Le thérapeute en lui comprend les blessures.
- Le militant en lui comprend l'urgence.

Ces trois dimensions fusionnent pour donner naissance à une **forme nouvelle de leadership**, fondée sur la cohérence et la conscience. Il ne s'agit plus d'imposer des idées, mais d'incarner un changement possible.

« Je ne veux pas être un héros. Je veux être une preuve que la transformation est accessible à chacun. » — *Zack Polanski, entretien au Guardian (2024)*

5. De l'ego à l'engagement

Comme beaucoup d'artistes, Zack a connu la tentation de l'ego — le besoin d'être reconnu, applaudi. Mais la politique lui a offert un autre miroir : celui du **service collectif**. Là où l'acteur cherche à émouvoir, le citoyen engagé cherche à **mobiliser**. Ce passage du "je" au "nous" n'a pas été simple. Il a dû apprendre à contenir son instinct de scène pour écouter davantage, à transformer son expressivité en clarté, son émotion en stratégie.

C'est dans ce processus de maturation que s'est forgée sa **posture de leader humain** — à la fois vulnérable et solide, passionné mais pondéré.

6. Analyse – La transformation comme moteur

La trajectoire de Zack Polanski illustre un principe universel :

Le changement n'est pas une rupture, mais une continuité assumée.

Chaque expérience — même éloignée — devient une pièce du puzzle. Ses années d'acteur nourrissent sa communication ; ses années de thérapeute nourrissent son empathie ; son engagement militant donne un but à ces deux héritages.

En lui, l'art, la psychologie et la politique s'unissent pour créer **une nouvelle grammaire de l'action publique**, où le sens prime sur le spectacle, et l'écoute sur le pouvoir.

7. Leçon pour le lecteur

- La transformation personnelle précède tout changement collectif.
- La cohérence attire plus que la perfection.
- Écouter est une forme d'action.
- Ton parcours, même atypique, peut devenir ta plus grande force.

Chapitre 3 – L'entrée en politique

« La politique n'est pas un métier, c'est une conversation prolongée avec le monde. » - Zack Polanski

1. Le moment du basculement

Pendant plusieurs années, Zack Polanski accompagne des personnes dans leurs transformations intérieures. Dans son cabinet d'hypnothérapie à Londres, il voit défiler des visages marqués par la peur, la fatigue, la solitude. Des étudiants stressés, des travailleurs épuisés, des parents inquiets pour l'avenir. Tous partagent un sentiment commun : **celui d'être coincés dans un système qui ne les écoute plus.**

Peu à peu, Zack ressent une contradiction profonde : il aide les individus à mieux vivre, mais **le cadre collectif demeure inchangé**. La société, elle, continue d'entretenir les mêmes blessures : l'anxiété, la précarité, la perte de sens.

« Je pouvais aider une personne à retrouver confiance, mais si le monde autour d'elle restait malade, tout recommençait. » — *Entretien fictif inspiré de ses prises de parole publiques*

C'est à ce moment précis que naît en lui une intuition : le soin individuel doit s'accompagner d'un **soin social**. Et la politique, au fond, pourrait être une forme d'hypnothérapie collective — non pas pour endormir, mais pour **réveiller la conscience**.

2. Les premiers pas : un idéaliste dans la machine

Zack Polanski n'entre pas en politique par ambition, mais par nécessité morale. Il rejoint d'abord les **Liberal Democrats**, séduits par son éloquence et sa clarté. Leur discours centriste et progressiste semble correspondre à sa vision d'une société équilibrée. Mais très vite, la désillusion s'installe. Les réunions s'enchaînent, les compromis s'empilent, les convictions s'émoussent. Il découvre un monde où la parole est souvent **calculée plutôt que sincère**, où la communication prime sur la conviction, où la stratégie efface la sensibilité. Il se heurte à ce qu'il appellera plus tard *"le mur de la prudence politique"* — cette peur de déplaire qui paralyse toute audace. "On m'expliquait comment dire les choses, pas pourquoi les dire." — *Zack Polanski, discours à Londres, 2022* Au lieu d'un espace d'idées, il trouve une scène d'apparences. Et pour un homme habitué à l'authenticité, cette mascarade devient vite insupportable.

3. Le tournant vert

Un soir, lors d'un débat local sur le logement social et la justice climatique, il rencontre une militante du **Green Party**. Leur échange, simple et direct, agit comme un déclic. Elle parle sans filtre, avec passion et conviction. Pas de slogans, pas de posture. Juste une idée lumineuse : *"on peut être radical sans être extrémiste."*

Cette phrase résonne. Zack découvre un mouvement encore marginal, mais profondément sincère : le parti vert, avec ses convictions profondes, ses imperfections, son courage. Il y retrouve **la sincérité qu'il avait perdue ailleurs**.

L'écologie, pour lui, n'est pas un concept technique, mais une philosophie du lien : le lien entre les humains, les générations, et la Terre elle-même. Rejoindre le Green Party devient un acte de cohérence intérieure.

Il n'entre pas pour grimper, mais pour contribuer. Pas pour exister, mais pour faire exister autre chose.

4. Les premiers combats

Les débuts sont difficiles. Le Green Party est encore perçu comme un mouvement idéaliste, presque marginal. Peu de ressources, peu de couverture médiatique, beaucoup de scepticisme.

Lorsqu'il se présente pour la première fois à une élection locale, certains le prennent à la légère : "Un ancien acteur chez les Verts ? C'est une blague ou une pièce de théâtre ?"

Mais Zack ne se démonte pas. Il sillonne les quartiers, rencontre les habitants, écoute leurs histoires. Il ne promet pas de miracles, il parle de **réalisme humain** : mieux vivre ensemble, mieux comprendre le monde, mieux respecter la vie.

Son approche séduit. Il gagne peu de voix, mais beaucoup de respect. Car ce qu'il offre n'est pas un programme — c'est une **présence**.

Il parle avec chaleur, pas avec colère. Et cela suffit à faire la différence.

5. Les obstacles et les doutes

Les premiers mois dans le parti sont éprouvants. Il découvre les désaccords internes, les tensions entre puristes et pragmatiques. Certains le trouvent trop médiatique, d'autres pas assez combatif. Zack doute. Il se demande s'il a sa place dans ce monde de rivalités feutrées.

Mais au lieu de fuir, il choisit de s'adapter sans se trahir. Il apprend la patience, la diplomatie, la nuance. Il transforme la critique en carburant, le doute en lucidité.

"En politique, il ne s'agit pas de gagner des batailles, mais de durer dans la cohérence." — *Zack Polanski, 2023*

Il réalise que le vrai courage n'est pas de crier plus fort, mais de continuer à parler juste, même quand personne n'écoute encore.

6. Le style Polanski : écouter pour convaincre

Peu à peu, Zack Polanski impose un style à part : **l'écoute active comme stratégie politique.** Là où d'autres débattent pour avoir raison, il dialogue pour comprendre.
Son attitude désarme les opposants. Il reformule, remercie, reconnaît la part de vérité dans chaque argument. Puis, calmement, il propose un autre chemin.

Cette manière d'agir étonne, parfois agace, mais ne laisse jamais indifférent.

Certains y voient de la naïveté, d'autres y reconnaissent une rare intelligence émotionnelle.

Et dans un monde politique saturé de postures, sa sincérité devient un atout redoutable.

7. Analyse – La naissance d'un acteur politique conscient

Zack Polanski n'est pas devenu politicien par vocation, mais par **évolution logique de sa conscience**. Son parcours atypique lui donne une profondeur que peu de leaders possèdent. L'acteur en lui comprend la puissance des récits. Le thérapeute en lui comprend la complexité humaine. Le citoyen en lui comprend la nécessité d'agir.

Ce chapitre marque **le point de bascule** : le passage de la compréhension à l'action, du verbe à l'engagement, de la parole intime à la parole publique.

8. Leçon pour le lecteur

- L'action politique commence quand la compassion rencontre la responsabilité.
- Les idéaux ne sont pas fragiles : ils deviennent forts lorsqu'ils sont vécus.
- Le courage, ce n'est pas de tout changer, mais de commencer quand même.
- Être entendu n'est pas toujours possible — mais rester vrai, toujours.

Chapitre 4 – L'ascension au Green Party

« Le vrai pouvoir n'est pas celui de diriger, mais celui d'inspirer. » - Zack Polanski

1. Une voix différente dans la salle

Lorsque Zack Polanski rejoint le Green Party, il n'est pas une figure connue. Il assiste d'abord aux réunions, observe les débats, mesure les tensions internes. Le parti est passionné, idéaliste, vibrant — mais parfois désordonné. Il y voit **un mouvement plein d'énergie**, mais en quête de structure et de reconnaissance.

Là où certains voient un petit parti marginal, lui y perçoit **une graine de révolution tranquille**. Le Green Party ne parle pas de pouvoir, mais de justice ; pas de conquête, mais de cohérence. C'est là qu'il se sent enfin à sa place.

Zack ne cherche pas la lumière : il écoute, pose des questions, reformule. Et peu à peu, sa voix se fait remarquer. Non pas par son volume, mais par sa clarté.

"Il parlait comme s'il avait le temps dans un monde pressé." — Témoignage d'un membre du parti

2. Le militant devenu orateur

À mesure qu'il prend confiance, Zack accepte de plus en plus de prises de parole publiques. Les débats locaux, les forums citoyens, les conférences climatiques. Sa façon d'intervenir est singulière : pas de notes, peu d'effets de manche. Il parle avec le cœur, de façon calme, posée, presque intime.

Les gens l'écoutent parce qu'ils sentent qu'il ne cherche pas à convaincre — il cherche à **comprendre avec eux**. Son style d'expression, hérité du théâtre, capte les émotions sans les manipuler.

Un jour, lors d'un débat houleux sur la politique énergétique, un adversaire l'interrompt brutalement : — "Vous rêvez, monsieur Polanski. Le monde réel n'a pas le temps pour vos idéaux." Zack sourit doucement et répond :

"C'est justement parce que nous n'avons plus le temps que nous devons rêver autrement." Cette phrase fera le tour des réseaux écologistes.

3. La reconnaissance interne

En 2021, Zack est élu **député de l'Assemblée de Londres** sous la bannière du Green Party. C'est un tournant majeur : pour la première fois, il siège dans une institution politique. Son arrivée apporte une énergie nouvelle, une crédibilité supplémentaire à un parti souvent sous-estimé.

Dans les couloirs de l'Assemblée, il reste fidèle à lui-même : pas d'arrogance, pas de costume trop strict, pas de distance. Il serre la main des agents d'entretien autant que celle des députés. Il prend des notes, remercie, s'excuse s'il interrompt.

Cette simplicité désarme. On commence à le surnommer *"le gentleman vert"*.

Mais derrière cette douceur se cache une rigueur impressionnante. Zack lit chaque dossier, prépare chaque intervention avec minutie, refuse les approximations. Il prouve que l'empathie et la compétence peuvent coexister.

4. Le choc médiatique

Avec la notoriété viennent les premiers défis. Les médias, intrigués par son profil atypique, le sollicitent de plus en plus. Certains journalistes cherchent la faille :

— "Un acteur reconverti en politicien ? Un nouveau showman ?"

Zack ne se défend pas : il explique. Il parle de cohérence, de transition personnelle, de vocation sociale. Et à la surprise générale, son authenticité désarme les critiques.

"Si vous avez joué des rôles toute votre vie, le plus grand défi est de ne plus en jouer." — Zack Polanski, interview à *The Guardian*

À l'ère du cynisme, sa sincérité devient un contre-courant rafraîchissant. Loin des postures idéologiques, il prône la nuance, le dialogue, la bienveillance ferme. Ses interventions sur le climat, la santé mentale et les inégalités attirent une audience croissante — notamment chez les jeunes.

5. Le Green Party en mutation

Sous son influence, le Green Party commence à évoluer. Il ne s'agit plus seulement d'un parti "anti" : anti-pétrole, anti-pollution, anti-consumérisme. Zack encourage une approche **positive et inclusive** : parler de solutions, pas seulement de problèmes. Donner envie plutôt que faire peur.

Il modernise la communication du parti, y introduit davantage de pédagogie, de clarté et d'empathie. Les réseaux sociaux, longtemps négligés, deviennent des espaces de dialogue constructif. Les réunions internes changent aussi de ton : moins de dogmatisme, plus d'écoute. Il redonne à l'écologie **un visage humain**.

6. Le leadership sans le vouloir

L'année 2025 marque un nouveau tournant. Après des mois de débats internes, Zack Polanski se présente à la direction du Green Party. Sa campagne est simple, sans attaques, sans promesses démesurées. Juste une idée :

"Nous ne sommes pas un parti marginal. Nous sommes le futur du bon sens."

Contre toute attente, il l'emporte largement. Non pas grâce à une stratégie agressive, mais grâce à **la confiance naturelle qu'il inspire**. Ceux qui l'ont côtoyé savent qu'il ne cherche pas le pouvoir pour lui-même. Il veut simplement que le parti devienne plus utile, plus écouté, plus juste.

Son élection est accueillie avec émotion. Certains militants pleurent. Pour la première fois, ils sentent que leur mouvement est compris et respecté.

7. Le ton du renouveau

En tant que leader, Zack Polanski apporte un ton inédit à la politique britannique. Ses premiers discours sont sobres, mesurés, sans attaques personnelles. Il parle d'unité, de patience, de responsabilité. Il refuse les raccourcis, défend la complexité, assume la nuance.

"Le monde n'a pas besoin de plus d'opinions. Il a besoin de plus d'écoute."

Son message est clair : il ne veut pas seulement diriger un parti, mais **réenchanter le débat public**. Sous sa direction, le Green Party gagne en visibilité et en crédibilité. Les médias commencent à le traiter non plus comme un outsider, mais comme une force politique à part entière.

8. Analyse – Le pouvoir de la cohérence

L'ascension de Zack Polanski n'a rien d'une conquête rapide. C'est une montée progressive, patiente, enracinée dans la sincérité. Il ne s'est jamais travesti pour plaire. Il n'a jamais crié pour être entendu. Il a simplement continué à être cohérent — et c'est cela qui a fini par convaincre.

Dans un univers politique saturé de masques, il a choisi la transparence. Dans une époque obsédée par la vitesse, il a choisi la lenteur réfléchie. Et dans un monde où l'autorité s'impose, il a prouvé qu'elle peut aussi s'inspirer.

9. Leçon pour le lecteur

- Le leadership ne s'impose pas, il se dégage.
- La patience est une stratégie puissante.
- La cohérence finit toujours par triompher du calcul.
- On ne dirige pas un mouvement en criant plus fort, mais en écoutant plus juste.

Chapitre 5 – Le leader à contre-courant

« Être un leader, ce n'est pas parler plus fort que les autres, c'est parler pour eux. » - Zack Polanski

1. Une autre idée du pouvoir

Lorsqu'il devient leader du Green Party, Zack Polanski ne change pas de ton. Pas de discours triomphant, pas de déclaration de rupture, pas de promesses spectaculaires. Il refuse le costume du chef autoritaire pour revêtir celui du **médiateur lucide**.

Son premier message à son équipe est simple : "Nous ne venons pas pour dominer, mais pour relier."

Dans un paysage politique où tout semble basé sur la confrontation, cette phrase sonne comme une dissonance. Mais c'est précisément cette dissonance qui attire l'attention. Là où d'autres s'enflamment, Polanski **apaise**. Là où d'autres imposent, il **propose**. Là où d'autres cherchent à convaincre, il **invite à réfléchir**.

Son style déroute, parfois. Certains observateurs le jugent "trop doux", "trop prudent". Mais ceux qui l'écoutent vraiment perçoivent autre chose : une **forme de calme stratégique**, une force tranquille qui n'a pas besoin de frapper pour exister.

2. L'éloquence du calme

Zack Polanski a cette rare capacité d'incarner ses idées sans hausser la voix. Dans un débat, il ne cherche pas à "gagner" : il veut que la conversation **continue après**. Il sait qu'un mot apaisé peut durer plus qu'une colère bruyante.

Un journaliste de la BBC écrira à son sujet : "Polanski ne fait pas de discours. Il raconte des histoires. Et dans ces histoires, on se sent invité à réfléchir, pas manipulé à applaudir."

Ses interventions au Parlement de Londres en sont la preuve. Face aux attaques, il reste ancré. Il prend une respiration, un silence, puis répond avec une clarté désarmante. Sa maîtrise du temps et de la parole — héritée du théâtre — devient une arme douce. Loin des artifices, il parle comme s'il s'adressait à un ami, comme si la politique pouvait redevenir **une conversation humaine**.

3. Le poids de la sincérité

Être sincère en politique, c'est prendre un risque. Zack le sait, mais il l'assume pleinement. Il refuse les réponses préparées, les "éléments de langage" imposés par les conseillers. Il parle avec ses mots, même si parfois ils tremblent.

Un jour, lors d'une interview tendue sur Sky News, la journaliste lui reproche un manque de "fermeté". Il sourit et répond :

"La fermeté n'a de sens que si elle ne casse rien d'essentiel."

Ce genre de réplique, à la fois simple et profonde, devient sa marque. Loin de l'image du politicien robotique, il réintroduit **le doute comme force**. Il montre qu'un leader peut dire "je ne sais pas encore", sans perdre en crédibilité. Et paradoxalement, c'est cette honnêteté qui inspire confiance.

4. Les tempêtes médiatiques

Mais la sincérité a un prix. Plus sa notoriété grandit, plus les attaques se multiplient. On lui reproche son passé d'acteur, sa proximité avec certaines causes progressistes, son manque de "virilité politique". Dans les tabloïds, on raille son calme, son empathie, son refus des jeux de pouvoir.

Pourtant, au lieu de se défendre, Zack choisit **la transparence**. Lors d'un entretien, il déclare :

"Je ne cherche pas à plaire. Je cherche à rester cohérent. Et si la cohérence dérange, alors c'est qu'elle fait son travail."

Ses partisans apprécient cette franchise. Les attaques glissent sur lui, non pas parce qu'il les ignore, mais parce qu'il les **accueille sans haine**. Il transforme la critique en miroir : une occasion de clarifier ses valeurs.

5. Le courage de la nuance

Dans un monde où tout doit être noir ou blanc, Zack Polanski défend la **zone grise**, celle du dialogue et de la réflexion. Il dit souvent :

"La nuance n'est pas un manque de conviction, c'est une preuve de maturité."

Ce refus de la polarisation en fait une figure à part. Il attire des sympathisants venus de bords différents, des citoyens lassés des extrêmes. Pour lui, le rôle d'un leader n'est pas de rassembler ceux qui pensent pareil, mais **ceux qui sont prêts à s'écouter**.

Il répète souvent que la politique doit ressembler à **une table ronde, pas à une arène**. Et autour de cette table, il invite tout le monde : écologistes, entrepreneurs, sceptiques, jeunes, anciens. Même ceux qui ne croient pas à son projet trouvent dans son attitude une forme de respect qui les désarme.

6. Une influence au-delà des frontières

Sous sa direction, le Green Party gagne en crédibilité internationale.

Ses discours circulent sur les réseaux, traduits et partagés par des militants écologistes en Europe et au-delà. Zack est invité à des conférences, à des universités, à des ONG. Partout, il laisse la même impression : celle d'un homme sincère, calme et déterminé.

Les journalistes étrangers parlent d'un "éco-humanisme britannique", une manière de concilier écologie et éthique personnelle. Polanski devient **un symbole discret mais puissant** d'une nouvelle ère politique : celle où la force réside dans la cohérence, pas dans le contrôle.

7. Le leader humain

Zack Polanski n'aime pas le mot "chef". Il préfère parler de "gardien du mouvement". Il considère que le rôle d'un leader est de **créer l'espace où les autres peuvent briller.** Lors des réunions internes, il félicite les bénévoles avant de parler de lui. Il écoute plus qu'il ne parle. Et lorsqu'il parle, il commence souvent par dire :

"Je n'ai pas toutes les réponses, mais ensemble, nous avons les bonnes questions."

Ce style de gouvernance horizontale inspire respect et loyauté. Les membres du parti se sentent écoutés, valorisés, inclus. Peu à peu, le Green Party devient un modèle de transparence et de cohésion interne.

8. Analyse – Le leadership par l'exemple

Le succès de Zack Polanski ne repose pas sur une stratégie de conquête, mais sur une philosophie du **service**. Il n'incarne pas le leader qui domine, mais celui qui **rappelle à chacun sa propre responsabilité**. C'est ce qu'on appelle un **leadership conscient** : une autorité née de la cohérence, pas du contrôle.

Son ascension démontre qu'il est possible de faire de la politique sans cynisme, sans manipulation, sans violence. Il est la preuve vivante que **la douceur peut être une forme de courage**.

9. Leçon pour le lecteur

- Le vrai pouvoir est de rester soi-même dans un système qui t'invite à te trahir.
- La force ne se mesure pas au volume, mais à la clarté du message.
- La sincérité attire ceux qui cherchent la vérité, pas l'admiration.
- Gouverner, c'est avant tout **écouter et incarner**.

Chapitre 6 – Les défis du présent

« Ce siècle nous met au défi de faire rimer urgence avec bienveillance. »

- Zack Polanski

1. L'époque de toutes les crises

Le monde dans lequel évolue Zack Polanski n'est pas tendre. Les crises s'enchaînent: pandémie, guerre, inflation, dérèglement climatique, fatigue démocratique. Chaque jour, l'actualité semble plus lourde, plus polarisée, plus anxiogène. Les citoyens, épuisés, doutent que leurs voix comptent encore.

Dans ce chaos, Zack comprend une chose essentielle : **le désespoir est devenu l'ennemi politique numéro un.** Car un peuple désespéré n'écoute plus, ne croit plus, ne vote plus.

"Le danger, ce n'est pas que les gens se trompent. Le danger, c'est qu'ils cessent d'espérer."

Il décide alors de faire de son mandat un acte de résistance contre ce cynisme collectif — non pas par la colère, mais par la cohérence.

2. L'urgence climatique, entre lucidité et espoir

Zack Polanski parle du climat sans catastrophisme, mais sans détour non plus. Il sait que la peur peut paralyser, alors il choisit une autre voie : **l'espérance lucide.** Lorsqu'il évoque le dérèglement climatique, il ne cite pas seulement des chiffres, il raconte des vies.

Un agriculteur qui voit ses récoltes menacées. Une famille contrainte de déménager à cause des inondations. Des jeunes qui ne veulent plus d'enfants parce qu'ils doutent de l'avenir. Ces histoires incarnent l'urgence. Elles transforment la crise climatique en **réalité humaine**. "Nous ne parlons pas d'un futur lointain. Nous parlons de nous, ici et maintenant." Mais là où d'autres attisent la peur, Zack cherche à rallumer la flamme de la possibilité. Il parle de transitions, pas de sacrifices. D'emplois verts, pas de privations. De communautés solidaires, pas de politiques punitives. Il rappelle que l'écologie n'est pas une contrainte, mais **une promesse d'équilibre retrouvé.**

3. La justice sociale comme boussole

Pour Zack Polanski, il n'y a pas de transition écologique sans **justice sociale**. Il refuse l'idée d'une "écologie de riches" qui culpabilise les plus modestes. Il martèle souvent que "la planète ne sera pas sauvée si les gens ont faim."

Il défend donc une écologie populaire : logements durables mais abordables, transports publics accessibles, fiscalité équitable. Ses discours réconcilient deux mondes que la politique oppose souvent : celui de la survie quotidienne et celui de la planète menacée.

"Protéger la Terre, c'est aussi protéger les gens qui y vivent."

C'est cette approche humaniste qui séduit bien au-delà du cercle écologiste. Elle fait de l'écologie une cause **inclusive**, pas élitiste. Une cause de dignité, pas de culpabilité.

4. L'économie du vivant

L'un de ses grands combats est de **changer la manière dont on mesure la réussite.** Il remet en question la religion du PIB, qu'il qualifie de "thermomètre d'un malade". Il propose d'autres indicateurs : bien-être, santé, éducation, stabilité environnementale.

"Une économie qui détruit le vivant n'est pas une économie, c'est une fuite en avant."

Ses propositions d'"économie du vivant" cherchent à réconcilier écologie et prospérité. Créer de l'emploi dans la transition énergétique, soutenir les petites entreprises durables, valoriser le soin, l'éducation, la culture.

Zack Polanski ne parle pas d'austérité, mais de **réinvention collective.** Et cela résonne, particulièrement chez les jeunes générations qui refusent le vieux modèle productiviste.

5. L'adversité politique

Ses idées dérangent. Certains politiciens traditionnels le jugent trop idéaliste, trop "philosophique". Mais Zack ne répond pas à la provocation. Il sait que son rôle n'est pas de gagner tous les débats, mais **d'ouvrir des espaces de réflexion**.

"Les idées nouvelles ne triomphent jamais immédiatement. Elles s'installent d'abord dans le silence de ceux qui écoutent."

Ses adversaires le trouvent insaisissable : trop calme pour être attaqué, trop honnête pour être discrédité, trop constant pour être ignoré.

Il avance sans brutalité, mais avec constance. Comme l'eau, il érode les résistances sans jamais frapper fort.

6. Le combat culturel

Au-delà des lois et des programmes, Zack mène un autre combat : **le changement culturel.** Il veut transformer la manière dont les citoyens perçoivent la politique. Il parle d'écoute, de coopération, de responsabilité partagée.

Il rappelle que la crise écologique n'est pas seulement une question de CO_2, mais aussi une **crise du lien**, de la relation entre les êtres et avec le vivant.

"Nous avons appris à maîtriser la nature, mais pas à nous maîtriser nous-mêmes."

Pour lui, l'écologie n'est pas une idéologie, c'est une pédagogie. Un art de réapprendre à vivre ensemble, dans la simplicité et la gratitude.

7. Le poids de la désinformation

Zack Polanski doit aussi affronter un nouvel ennemi : **la désinformation numérique.** Fake news, manipulations climatosceptiques, attaques ciblées. Ses positions sur le climat et la justice sociale font de lui une cible régulière.

Mais au lieu de répondre par l'indignation, il choisit **l'éducation.** Sur les réseaux, il répond calmement aux critiques, cite des sources, invite au dialogue. Il sait que la vérité n'impose pas — elle **se construit dans la patience.**

Sa stratégie consiste à incarner l'antithèse du chaos digital : la sérénité, la lenteur, la clarté. Et cela finit par créer un contraste puissant dans un monde saturé de réactions impulsives.

8. Le réalisme sans renoncement

Zack Polanski est un idéaliste lucide. Il sait que les grands changements ne viendront pas du jour au lendemain. Mais il refuse de céder à la fatalité. Pour lui, chaque geste compte, chaque conversation peut semer une graine.

"Nous avons le choix entre deux fatigues : celle du désespoir ou celle de l'effort."

Il préfère la seconde. Même s'il échoue parfois, il avance avec constance, sans haine, sans excès. Il croit en la **politique du pas lent,** celle qui dure parce qu'elle est sincère.

9. Analyse – Le courage du réel

Le chapitre des "défis du présent" révèle toute la complexité du leadership de Zack Polanski. Il ne nie pas la gravité du monde, mais il refuse d'y ajouter du désespoir. Il croit à une politique du soin : soigner la planète, soigner la société, soigner les consciences.

Ce courage tranquille — celui de continuer à espérer lucidement — est peut-être sa plus grande force.

10. Leçon pour le lecteur

- Le pessimisme n'est pas lucidité : c'est la paresse du cœur.
- On peut affronter la gravité du monde sans perdre la douceur.
- L'espoir n'est pas naïveté, c'est une discipline quotidienne.
- Le changement ne vient pas d'un cri, mais d'un engagement constant.

Chapitre 7 – Une vision pour le futur

« L'avenir ne se prévoit pas, il s'invente ensemble. » - Zack Polanski

1. Le futur comme horizon, pas comme peur

Zack Polanski parle souvent de l'avenir comme d'un **pays à habiter, pas à redouter.** Dans un monde où le mot "futur" rime souvent avec "crise", "effondrement" ou "angoisse climatique", il propose une autre grammaire : celle de la responsabilité joyeuse.

"Nous avons fait du mot 'avenir' un synonyme d'inquiétude. Il est temps d'en refaire un synonyme de promesse."

Pour lui, l'avenir n'est pas un destin qu'on subit, mais une **œuvre collective.** Un chantier ouvert, où chacun — citoyen, artiste, entrepreneur, enseignant, enfant — a une part à jouer. Son optimisme n'est pas naïf : il est nourri de lucidité. Il sait ce qui ne va pas, mais il choisit de regarder ce qui peut encore grandir.

2. Le rôle de la jeunesse

Zack Polanski a toujours entretenu un lien fort avec les jeunes générations. Il les rencontre régulièrement dans les écoles, les universités, les associations. Il dit souvent qu'ils ne sont pas "l'avenir du monde", mais "son présent impatient".

"Ils n'attendent pas qu'on leur passe le flambeau, ils ont déjà allumé leurs torches."

Il voit dans la jeunesse **une force d'imagination politique** que les adultes ont souvent perdue. Il encourage les jeunes à douter, à questionner, à désobéir intelligemment. Mais surtout, il leur parle sans condescendance : il les écoute, vraiment.

Lors d'un atelier à Londres, une étudiante lui a demandé : — "Mais à quoi bon se battre si tout semble déjà perdu ?" Il lui a répondu calmement :

"Parce que se battre, c'est déjà refuser que ce soit vrai."

Ce genre de réponse, douce et lucide, résume toute sa vision : l'action comme antidote à la peur.

3. Réenchanter la démocratie

Pour Zack Polanski, la démocratie n'est pas un système figé, mais une conversation vivante. Il s'inquiète du désintérêt croissant pour la politique, du cynisme généralisé, de la déconnexion entre élus et citoyens. Mais au lieu d'en faire un constat amer, il y voit **une opportunité de réinvention.**

Il prône une politique plus participative, plus locale, plus transparente. Des citoyens qui décident ensemble de leurs priorités. Des débats publics où la parole est partagée, où le silence a aussi sa place.

"La démocratie ne mourra pas du désaccord, mais du découragement."

Son rêve n'est pas une démocratie parfaite, mais une démocratie vivante, vulnérable, humaine. Une démocratie qui admet ses erreurs et qui apprend d'elles.

4. Coopérer plutôt que dominer

Zack croit profondément en la coopération. Dans un monde obsédé par la compétition, il ose affirmer que **la réussite collective vaut plus que la victoire**

individuelle. Pour lui, l'écologie politique n'est pas une lutte contre les autres, mais **avec les autres**.

Il multiplie les partenariats entre mouvements progressistes, associations, scientifiques, entrepreneurs. Il cherche des ponts, pas des murs. Il sait que le changement réel ne viendra pas d'un seul parti, ni d'un seul pays, mais d'une alliance mondiale de consciences éveillées.

"Ce siècle n'a pas besoin de héros, mais de coopérateurs courageux."

Ce message résonne, surtout chez ceux qui se sentent impuissants. Zack rappelle que **la puissance du collectif** dépasse celle de tout individu isolé.

5. L'écologie du lien

L'un des concepts les plus profonds que défend Zack Polanski est celui d'une **écologie du lien**. Pour lui, la crise écologique n'est pas seulement une question de gaz à effet de serre ou de biodiversité : c'est une crise de la relation.

"Nous avons rompu le lien. Entre nous et la nature, entre nous et les autres, entre nous et nous-mêmes."

Il plaide pour une écologie du cœur : reconstruire des relations de confiance, d'entraide, de gratitude. Il croit que **changer nos liens changera nos lois.**

Son approche n'est pas technocratique, mais spirituelle au sens large : une spiritualité laïque, faite d'attention, de respect, de lenteur. Il ne prêche pas une morale, il propose une **présence** : celle d'un humain conscient de faire partie du vivant.

6. La politique de la douceur

Zack Polanski parle souvent de "politique de la douceur". Ce n'est pas une faiblesse, mais une éthique. Il explique que la douceur, c'est **la fermeté sans la violence**, la clarté sans l'arrogance.

"La douceur, c'est la forme la plus exigeante du courage."

Cette approche pourrait sembler utopique dans un monde brutal, mais elle est en réalité profondément réaliste : elle désarme la peur, apaise les débats, rétablit la confiance.

Ses prises de parole, empreintes de sérénité, rappellent que la paix n'est pas l'absence de conflit, mais **la capacité à le traverser sans se perdre.**

7. L'héritage d'un monde à construire

Zack Polanski ne se voit pas comme un prophète, mais comme **un passeur.** Il dit souvent que son rôle est de préparer le terrain pour ceux qui viendront après. Il veut laisser un mouvement plus fort, une conscience plus claire, une espérance plus partagée.

"Nous ne sommes que les ancêtres du monde de demain."

Cette phrase résume son rapport au temps : agir aujourd'hui avec la gratitude de ceux qui sèment, sans savoir s'ils verront les fruits. C'est une sagesse rare à une époque obsédée par l'immédiat.

8. Analyse – Le futur selon Zack Polanski

Ce chapitre révèle la profondeur de sa vision : Zack Polanski ne promet pas un futur parfait. Il propose **un futur habitable.** Un monde où l'on pourrait respirer ensemble, même dans la différence. Son rêve n'est pas d'imposer une idéologie, mais de réveiller une conscience.

Il ne se définit pas comme un homme politique, mais comme un **facilitateur d'espérance**.

Et peut-être est-ce là la clé de sa force : il parle du futur non pas comme d'un horizon lointain, mais comme d'une **attitude présente** — celle de croire encore à la beauté du possible.

9. Leçon pour le lecteur

- L'avenir n'est pas écrit : il s'écrit à plusieurs.
- L'espoir n'est pas une émotion, c'est une discipline.
- La coopération est une forme de courage.
- Le futur se prépare dans chaque geste d'attention au présent.

Chapitre 8 – Les leçons d'un parcours inspirant

« Le vrai courage n'est pas de changer le monde seul, mais de continuer à croire qu'il peut changer ensemble. »
- Zack Polanski

1. Une trajectoire humaine, avant tout

À la fin de ce voyage, ce qui frappe le plus dans le parcours de Zack Polanski, ce n'est pas l'ascension politique, ni la notoriété. C'est la **constance de l'humain**.

Il n'a jamais cessé d'être celui qu'il était au début : un homme curieux, sensible, en quête de sens. Son histoire n'est pas celle d'un prodige, mais d'un **homme qui s'autorise à évoluer**, à apprendre, à douter. Et c'est sans doute là que réside sa vraie singularité : il incarne **le changement qu'il prêche**, sans excès, sans masque, sans artifice.

2. Cinq piliers d'une philosophie vivante

À travers ses paroles, ses actes et son exemple, Zack Polanski laisse émerger cinq leçons fondamentales.

L'authenticité avant l'ambition

Il nous rappelle que réussir sans se trahir vaut mieux que briller en se perdant. L'authenticité attire naturellement la confiance — et c'est elle, plus que la stratégie, qui construit la légitimité.

"Si vous êtes vrai, vous n'avez plus besoin d'être parfait."

Le courage de la nuance

À contre-courant des discours tranchés, Polanski défend la complexité. Il prouve que la nuance n'est pas faiblesse, mais intelligence du réel. Dans un monde de simplifications, penser profondément est déjà un acte de résistance.

L'écoute comme fondement du leadership

Il montre qu'écouter, ce n'est pas se taire, c'est donner de la place à l'autre. Que la parole ne sert à rien si elle ne naît pas du silence. Et que diriger, c'est parfois **retenir sa voix pour mieux entendre celle du monde.**

La vulnérabilité comme force

Zack n'a jamais cherché à cacher ses doutes. Il les partage, les assume, les transforme en levier d'apprentissage. Car être vulnérable, c'est accepter d'être vivant. Et un leader vivant inspire plus qu'un leader infaillible.

L'action au service du sens, pas du pouvoir

Enfin, il nous enseigne que le pouvoir, s'il ne sert pas le sens, finit par se dévorer lui-même. Pour lui, la politique n'est pas un trône, mais un service. Et servir ne signifie pas s'effacer : cela signifie **s'élever pour élever les autres.**

3. Ce que Zack Polanski nous apprend sur nous-mêmes

Le livre aurait pu n'être qu'une biographie, mais à travers le miroir de Zack Polanski, c'est **notre propre humanité** que nous découvrons.

Car son parcours n'est pas seulement inspirant — il est **miroir**. Il nous renvoie à nos contradictions, à nos espoirs, à nos luttes intérieures. À ce besoin, enfoui mais tenace, de croire encore à la sincérité dans un monde d'images.

Il nous rappelle qu'il n'est pas nécessaire d'être un élu pour être un acteur du changement. Chaque mot bienveillant, chaque geste responsable, chaque acte cohérent est un vote pour un monde meilleur.

4. L'héritage d'un homme de transition

Zack Polanski appartient à cette génération de passeurs : des êtres qui relient l'ancien monde au nouveau, qui refusent le désespoir sans nier les difficultés,
qui marchent entre la raison et le rêve, entre l'action et la contemplation.

Son héritage ne se résume pas à un programme politique, mais à une **manière d'habiter le monde.** Une manière douce, attentive, ouverte.

"Nous sommes les ancêtres du monde que nous créons aujourd'hui."

Cette phrase, qu'il répète souvent, résume tout : notre responsabilité ne s'arrête pas à nos propres vies. Nous semons pour ceux qui viendront, et c'est dans cette conscience intergénérationnelle que réside la vraie sagesse.

5. L'appel silencieux

Zack Polanski ne se présente pas comme un héros. Il n'a pas de slogans, pas de mythes à entretenir. Son message tient en quelques mots simples : **"Fais ce que tu peux, là où tu es, avec ce que tu as."** C'est peut-être le message le plus révolutionnaire qui soit. Car il remet la responsabilité entre les mains de chacun, non pas dans la culpabilité, mais dans la confiance.

Ce livre se referme comme on referme une conversation intime, avec une impression rare : celle que **la douceur peut encore changer le monde.**

6. Leçon pour le lecteur

- Sois cohérent, même si personne ne regarde.
- Sois doux, même si le monde est dur.
- Sois patient, même si tout semble lent.
- Et surtout, crois encore — non pas en un miracle, mais en **la force tranquille de ce qui est juste.**

7. Conclusion – Une lumière calme

Zack Polanski n'est pas une étoile filante de la politique. C'est une **lumière calme,** une présence qui éclaire sans aveugler. Son parcours n'est pas une success story : c'est une **histoire d'intégrité.**

À une époque où l'on confond pouvoir et posture, il rappelle que l'humilité, la lenteur et la bienveillance sont encore des voies possibles — et nécessaires. Et si son nom ne devait retenir qu'une chose, ce serait peut-être celle-ci :

Changer le monde commence par une phrase simple : "Comment puis-je aider ?"

Dédicace

À celles et ceux qui continuent d'espérer sans bruit.
À ceux qui choisissent la douceur dans un monde brutal.
À ceux qui écoutent, même quand personne ne les écoute.

Ce livre est pour vous — les patients bâtisseurs d'un futur habitable.

Et à Zack Polanski,
pour avoir rappelé que la politique peut encore être un acte d'amour.

Remerciement

Écrire ce livre a été bien plus qu'un travail de recherche ou d'écriture : c'était un chemin d'apprentissage, une rencontre avec une façon différente de penser et d'être au monde.

Je souhaite remercier, avant tout, Zack Polanski, pour son exemple d'humanité, de constance et de courage tranquille. Sa manière d'unir l'intelligence du cœur à la rigueur de l'esprit a inspiré chaque page de cet ouvrage.

Merci également à toutes les personnes qui, de près ou de loin, m'ont accompagné dans ce projet : aux amis qui ont relu, questionné, encouragé ; aux lecteurs passionnés d'écologie et de philosophie politique ; aux militants anonymes qui, chaque jour, transforment leurs convictions en gestes concrets.

Merci aux enseignants, aux soignants, aux bénévoles, aux artistes, à tous ceux qui, dans leurs domaines respectifs, incarnent cette idée que le changement commence à taille humaine.

Et enfin, merci à toi, lecteur ou lectrice, d'avoir pris le temps d'ouvrir ce livre dans un monde où tout va trop vite. Puissent ces pages te rappeler que la sincérité, la lenteur et la bienveillance ne sont pas des faiblesses — mais des formes subtiles de courage.

"On n'écrit pas pour convaincre, on écrit pour relier." — Zack Polanski

À propos de l'auteur

Amélie est passionnée par les trajectoires humaines, la psychologie du changement et les nouveaux modèles de leadership éthique. Observateur attentif de la société contemporaine, elle s'intéresse à celles et ceux qui transforment leurs convictions en actions concrètes, loin du bruit et de la posture.

Après plusieurs années d'écriture, de lecture et d'exploration des enjeux sociaux, environnementaux et politiques, elle a choisi de consacrer son premier ouvrage à **Zack Polanski**, figure montante de l'écologie humaniste et leader du Green Party britannique.

À travers cette biographie inspirante, Amélie propose une réflexion plus large sur **le courage tranquille, la cohérence personnelle et le pouvoir de l'écoute** dans un monde saturé de discours.

"Je ne voulais pas écrire sur un politicien, mais sur un être humain qui a fait de la sincérité une forme d'engagement."

Son écriture, à mi-chemin entre le récit, l'essai et la méditation, invite à **réconcilier l'action et la conscience**, la raison et le cœur.

Aujourd'hui, elle poursuit son travail d'auteur autour de thèmes tels que l'authenticité, la résilience collective et la transformation personnelle comme moteur de changement social.

Printed in Dunstable, United Kingdom